NOTICE

SUR

BOUQUERON

LES BAINS

ORNÉE DE HUIT GRAVURES DESSINÉES PAR D. RAHOULT.

PRIX : 1 FRANC.

GRENOBLE, | PARIS,
Maisonville et fils et Jourdan, | L. Hachette et Comp^e,
Libraires, rue du Quai, 8. | Libraires, rue Pierre-Sarrazin.

1860.

NOTICE

SUR

BOUQUERON

LES BAINS

ORNÉE DE HUIT GRAVURES DESSINÉES PAR D. RAHOULT.

PRIX : 1 FRANC.

GRENOBLE,
MAISONVILLE ET FILS, IMPRIMEURS-LIBRAIRES,
Rue du Quai, 8.

1860.

NOTICE

SUR

BOUQUÉRON-LES-BAINS.

Bouquéron est un petit hameau situé sur le versant du coteau qu'on aperçoit à l'est de Grenoble. Les monts Rachais et Saint-Eynard l'abritent complètement des vents du nord et du nord-ouest; son exposition est le plein midi. Des maisons de campagne, des villas l'entourent de tous côtés, car cette localité est la plus salubre des environs; elle est même devenue la station choisie par les convalescents du pays, pour venir dès le commencement du printemps jouir des premiers rayons du soleil. Dans les vignobles, les amandiers, les pêchers, tous les arbres à fruit, quelques végétaux même des contrées méridionales de la France étalent leurs fleurs embaumées, alors que partout ailleurs aucune trace de végétation ne s'est encore manifestée. Tout près du hameau, dans la direction de la plaine, on voit un plateau dont l'extrémité se termine par une éminence, une pointe de rocher sur laquelle est bâti le vieux manoir, ancienne demeure des seigneurs de Bouquéron. Posé comme un nid d'aigle, ce château s'avance au-dessus de la vallée du Graisivaudan. Les chroniqueurs attribuent sa construction première à ce Roland, neveu supposé de Charlemagne, et que les anciens romans ont rendu si fameux. C'est dans cet ancien édifice que sont logés les baigneurs qui fréquentent l'établissement, objet de cette notice. La porte du salon de compagnie s'ouvre sur un balcon admirablement placé pour découvrir le plus beau panorama qu'il y ait au monde : aucune description ne peut donner une idée exacte de cette vue magnifique.

Au dernier plan, l'horizon est borné par une chaîne de montagnes non interrompue : ce sont, de gauche à droite, les montagnes d'Allevard, du Grand-Charnier et des Sept-Lacs, les montagnes de Theys et le Pas de la Coche, les pics élevés de Belledone et de la Citre, qui séparent la vallée du Graisivaudan de celle d'Allemont en Oisans; puis viennent Champ-Rousse, surmonté d'une croix gigantesque, visible à l'œil nu à une distance de 7 à 8 kilomètres; les forêts de Prémol, et dans le lointain, le Haut-Biou. Toutes ces montagnes font partie de la grande chaîne qui rattache les Alpes suisses aux Hautes-Alpes. Tout à fait en face, à 60 kilomètres environ, en ligne directe, par un temps pur, on aperçoit le col de la Croix-Haute. Cette ceinture de cimes escarpées se termine au couchant par les montagnes qui séparent le département de l'Isère de celui de la Drôme, par le col de l'Arc, les monts de Lans et de Saint-Nizier.

Au-dessous de ces sommets presque inaccessibles et couverts de neiges éternelles, on admire de magnifiques forêts de sapin, dont la teinte noirâtre et la végétation puissante encadrent admirablement la nudité des rochers qu'elles semblent supporter. Plus bas, sont de riants coteaux bigarrés comme un habit d'arlequin, par le morcellement des propriétés de ces pays montagneux et par la variété de leur culture. Plus bas encore, des bois de châtaigniers, des vignobles, et enfin, au premier plan, le fond de la vallée du Haut-Graisivaudan arrosée par l'Isère aux gracieux contours. Au sud-ouest, la petite ville de Grenoble, vue en raccourci, anime le paysage. Le fort de la Bastille, qui domine cette place de guerre, ferme l'entrée de la vallée, de sorte que de Bouquéron on ne lui découvre aucune issue praticable. Rien ne manque à ce tableau, ni la richesse des couleurs, ni la variété des effets produits par le moindre changement dans l'atmosphère. C'est au centre de ces merveilles de la nature que le propriétaire actuel de Bouquéron a transformé l'ancienne habitation féodale en néothermes, composés de bains de vapeur térébenthinée et d'eau de bourgeons frais de sapin, d'hydrothérapie, etc., etc.

Cette création, qui dotait le pays d'un établissement utile, a été accueillie dès le début avec la plus grande faveur. L'emplacement était d'ailleurs admirablement approprié à sa destination nouvelle. Toutes les conditions les plus favorables au rétablissement des malades :

air pur, climat tempéré et presque constant, site incomparable, proximité d'une ville offrant toutes les ressources désirables, eaux de source fraîches, limpi-

Bouquéron. — Vue de la vallée.

des, intarissables, se trouvent réunies en ce lieu. L'ouverture de la première saison, le 1er mai 1853, a été inaugurée par la meilleure société des environs. Des malades atteints des affections les plus graves, après avoir désespéré de leur guérison, n'ont pas hésité à donner leur confiance à l'établissement naissant qui se présentait avec autant de chances de succès. Des cures nombreuses et remarquables ont bientôt justifié leur confiance et augmenté la clientèle de Bouquéron. Dès la deuxième année, les premières installations ont été insuffisantes, et depuis cette époque, le propriétaire de l'établissement a dû chaque année se mettre en mesure de répondre à cette progression croissante. Encouragé dans ses efforts par ses compatriotes et par les médecins, il n'a reculé devant aucun sacrifice. — Enfin, cette année 1860, Bouquéron vient de recevoir un complément important, ainsi que le lecteur pourra s'en convaincre en parcourant l'analyse que nous donnons des moyens curatifs nouvellement mis à la disposition des baigneurs.

Les 4 kilomètres qui séparent l'établissement de Grenoble sont franchis six fois tous les jours par un omnibus spécial. Les départs de la voiture ont lieu de Grenoble à 7 heures, 9 heures, 11 heures et demie, le matin; et à 3 heures, 5 heures et 7 heures, le soir. Deux de ces départs, celui de 7 heures du matin et celui de 3 heures du soir sont plus particulièrement choisis par les voyageurs qui veulent revenir à Grenoble, à 8 heures, 10 heures, midi, le matin; et à 4 heures, 6 heures et 7 heures et demie, le soir.

Les baigneurs venant de Paris doivent prendre à la gare de Lyon le train de 8 heures 40 minutes du soir pour Grenoble, où ils arrivent 16 heures après.

Les baigneurs de Marseille peuvent prendre le train pour Grenoble à 10 heures 30 minutes du soir.

Les baigneurs de Saint-Etienne ont à choisir, ou de passer par Lyon, ou de prendre à Givors la section de cette ville à Chasse et à Vienne.

Pour les personnes qui viennent par Chambéry, un excellent service de diligences partant de cette ville à 7 heures du matin, passe quatre heures après au pied du coteau de Bouquéron : elles peuvent au besoin déposer leurs effets à la croix de Montfleuri, et faire la montée à pied, à moins qu'elles ne préfèrent aller prendre l'omnibus place Grenette, n° 10, à Grenoble, en face des bureaux du chemin de fer.

Néothermes. — Bains de vapeur térébenthinée.

Depuis plusieurs années, on administrait à Die (Drôme) des bains de vapeur térébenthinée, dont l'idée première avait été suggérée par les bûcherons qui fabriquent la poix sur les hautes montagnes du Glandaz. Ces hommes, qui passent une partie de l'année au milieu des forêts, exposés aux intempéries, sont sujets à contracter des douleurs rhumatismales dont ils se guérissent parfaitement en se soumettant à l'action des vapeurs qui se dégagent des copeaux dont on extrait la poix. Cette action est secondée par la température très-élevée de leurs fours, espèces de trous amphoriques creusés dans la terre. Ce procédé primitif, strictement imité d'abord, puis modifié par les praticiens de Die, réclamait encore de nombreuses et importantes améliorations.

Il fallait se ménager les moyens de graduer la température à volonté, d'assurer un renouvellement d'air constant, pour compenser la raréfaction causée par le calorique, de donner aux malades un accès facile dans l'étuve, de pouvoir consacrer à chaque baigneur une loge séparée, sans rien perdre de l'abondance et des qualités des vapeurs. Après bien des essais, M. le docteur Armand Rey est arrivé à construire un appareil réunissant toutes ces conditions (1).

Cet appareil a été mentionné honorablement à l'exposition universelle de Paris.

Il est incontestable aujourd'hui que de toutes les médications administrées contre les affections rhumatismales et catarrhales, contre la sciatique principalement, il n'en existe pas de plus énergique et de plus efficace que les bains de vapeur térébenthinée. Il n'en est pas, en même temps, de plus facile à supporter et de plus exempte de dangers. Ce genre de bains ne dure pas plus de 30 minutes; il produit à coup sûr des transpirations plus abondantes qu'avec tout autre système. L'établissement de Bouquéron a traité pour plusieurs années avec un bûcheron de Die, qui lui fournit les copeaux nécessaires à sa consommation. Ces copeaux, extrêmement riches en résine fraîche, exhalent une

---

(1) Voir le compte-rendu du congrès scientifique, 24ᵉ session, 1857, ou la brochure des procédés hydrothérapiques et des bains de vapeur térébenthinée; Auguste Merle, libraire à Grenoble; Masson, libraire, rue de l'Ancienne-Comédie; Leclerc, rue de l'Ecole de Médecine, à Paris.

odeur des plus agréables. Ils sont détachés des arbres écorcés pendant l'année qui précède la récolte du bois résineux. Aussitôt après le bain, les malades passent une heure à la sudation, ou bien sont soumis à des ablutions aromatiques ou simples, selon le cas. L'appareil vient d'être reconstruit entièrement à neuf avec toutes les modifications démontrées utiles par une expérience de sept années.

Bains térébenthinés.

Hydrothérapie.

Les bons effets produits par les bains russes ont donné au directeur de Bouquéron l'idée de combiner les bains de vapeur térébenthinée avec les différents procédés dont se compose la médication hydrothérapique. Cette heureuse innovation a répondu complètement aux espérances conçues par son inventeur. Dire qu'elle a été adoptée par la plupart des établissements hydrothérapiques de France et de l'étranger, c'est sans contredit faire son plus bel éloge. Les baigneurs voudront bien ne pas perdre de vue que cette médication a pris naissance à Bouquéron et qu'ils peuvent se la faire administrer dans cet établissement sous la direction de l'inventeur. Certaines affections rebelles, soit aux bains de vapeur résineuse, soit à l'hydrothérapie, pris isolément, résistent bien rarement aux deux médications sagement combinées. Ce fait a été pleinement confirmé par la cure de certaines formes de sciatiques invétérées avec atrophie du membre malade.

La division consacrée à l'administration de l'hydrothérapie est installée ici d'une manière irréprochable : les eaux employées sont des eaux *de source* venant directement de la montagne ; les douches sont naturelles et alimentées par les sources sans qu'il soit besoin de les élever par des pompes. Les accidents de terrain du pays ont été utilisés pour leur donner toute la pression nécessaire. Nous ne saurions trop insister sur ce point : une infinité d'établissements hydrothérapiques se servent d'eau de citerne, de puits, de rivière ; or, il est impossible d'administrer une médication efficace dans de pareilles conditions. Ces eaux s'échauffent dès que la température extérieure s'élève ; elles deviennent glaciales dans les circonstances opposées ; il est donc impossible de doser exactement la somme de calorique soustraite à chaque malade. Les eaux de source seules ont une température constante. L'agent à employer étant toujours le même et ne subissant aucun changement, il est très-facile de le doser convenablement. Les eaux de source sont encore plus légères, plus agréables à boire, plus faciles à digérer. Or, l'ingestion d'une certaine quantité d'eau est parfois une condition indispensable de succès dans le traitement de certaines maladies par l'eau froide. Il ne faut pas se le dissimuler, si l'hydrothérapie est exposée à échouer dans les cas où elle semble parfaitement indiquée, cela tient exclusivement au mauvais emploi qui en est fait dans les établissements manquant des éléments absolument nécessaires pour administrer avec quelque avantage cette médication puissante. Ce qui vient d'être dit s'applique donc aussi à l'emplacement des instituts hydrothérapiques. Il faut *nécessairement* qu'un établissement de ce genre soit situé dans un pays montagneux. La légèreté, la pureté et la sécheresse de l'air sont indispensables à l'accomplissement régulier des réactions et des principales fonctions de la vie ; le voisinage des rivières et des bas-fonds, avec leurs brouillards, et en un mot toutes les localités trop froides ou trop humides, ne sauraient convenir, comme séjour, à des malades atteints d'affections chroniques. Eau fraîche, air sec et chaud, tel est le précepte dont il ne faut pas s'écarter.

Le traitement hydrothérapique jouit d'une efficacité très-grande contre une foule d'affections chroniques qui font le désespoir de la médecine et des médecins. Les maladies nerveuses, telles que l'hypocondrie, les névroses, les névralgies, la gastralgie, la dispepsie, les pertes séminales, l'incontinence nocturne d'urine, l'aménorrhée, les faiblesses de constitution, la chorée, sont de ce nombre. Les pâles couleurs, la disménorrhée, les engorgements de la matrice, certaines formes de rhumatisme et un grand nombre d'autres maladies rebelles aux moyens ordinaires, guérissent très-bien par l'hydrothérapie. On croit généralement dans le monde que les bains de mer produisent des effets entièrement semblables à un traitement méthodique par l'eau de source ; c'est là une grave erreur : tous les malades qui sont allés aux bains de mer ont éprouvé, sous leur influence, une excitation nerveuse des plus prononcées. Cet accident, attribué par les baigneurs à l'action de la vague, tient à la présence de certains sels dans l'eau de mer et surtout à l'iode et au brôme qu'elle contient. Une semblable circonstance ne peut qu'être contraire à la cure des maladies nerveuses. L'eau ordinaire est bien assez excitante par elle-même, sans qu'il soit besoin d'avoir recours à un liquide rendu plus excitant encore par ses principes minéralisateurs.

Tout malade qui se dispose à se soumettre à la cure d'eau froide après en avoir reçu le conseil d'un médecin compétent, doit s'attendre à consacrer à son traitement un temps suffisamment long. A cette condition seulement, il peut compter sur un résultat. Les demi-traitements sont plus nuisibles qu'utiles, en ce qu'ils découragent les malades en leur faisant croire à l'impuissance d'un moyen dont le seul vice est de ne pas avoir eu le temps d'agir.

Nous ne pouvons nous dispenser de parler de l'opposition systématique à laquelle l'hydrothérapie a été en butte pendant longtemps. Il devrait suffire aujourd'hui de constater que dans toute l'Allemagne les établisse-

Bouquéron. — Vue des Alpes.

ments hydriatriques rivalisent par leur importance avec les eaux minérales les plus courues ; que les Anglais ont adopté cette méthode comme une mesure hygiénique, devenue à peu près générale depuis quelques années ; que les Russes ne doivent qu'à l'emploi de ce système leur robusticité et le pouvoir de réagir contre les rigueurs de leur climat ; qu'en France l'importance des bains, et des bains froids surtout, grandit de jour

Grandes douches.

en jour, au point de préoccuper sérieusement les chefs de l'administration; que la question des bains publics est constamment à l'étude; qu'enfin, il n'est pas de consultation de nos célébrités médicales qui ne renferme un chapitre prescrivant l'hydrothérapie dans la plupart des affections chroniques. De semblables exemples, disons-nous, devraient suffire pour réduire au silence les opposants routiniers qui persistent à tonner contre la médication par l'eau froide. Le bon sens public fera, nous l'espérons, justice des récriminations inconsidérées dont nous nous plaignons; il comprendra que le siècle des préjugés est enfin passé et que, parce qu'une erreur a eu cours pendant des siècles, ce n'est pas une raison suffisante pour refuser de la reconnaître lorsque l'autorité des faits et de la science l'a démontrée.

Bains tièdes, bains et douches d'eau de feuilles de pin.

Si les bains froids ont une puissante efficacité, on aurait tort de bannir d'une manière absolue les bains tièdes, les douches chaudes, les douches de vapeur, etc. Bouquéron possède aujourd'hui des appareils destinés à leur administration. La construction de cette division a été utilisée pour l'installation des bains et douches d'eau de feuilles de pin. Ces bains, peu connus en France, ont été administrés d'abord en Prusse. Voici comment s'exprime à cet égard le *Bernische für Landwerthschuft*, août 1852 :

« Non loin de Breslau en Silésie, dans un domaine appelé la prairie de Humboldt, existent deux établissements aussi étonnants par leur objet que par leur réunion : l'un est une fabrique qui convertit les feuilles des pins en une sorte de coton ou de laine, l'autre offre aux malades, comme bains salutaires, les eaux que produit la fabrication de cette laine végétale. Tous deux ont été créés sous la direction d'un inspecteur supérieur des forêts, M. de Pannewitz, inventeur d'un procédé chimique au moyen duquel on peut retirer des longues et menues feuilles des pins une substance filamenteuse très-fine qui a été appelée laine des bois, parce qu'elle se frise, se feutre et se file comme la laine ordinaire. »

. . . .

« Dans la préparation de la laine des bois, il se produit une huile éthérée d'une odeur suave. Cette huile est tantôt de couleur verte, tantôt elle prend une teinte jaune orangé. Par la rectification, elle devient incolore comme l'eau. On a reconnu qu'elle diffère de l'essence de térébenthine que l'on extrait du même arbre. Employée dans plusieurs affections de rhumatisme et de goutte, et appliquée comme baume sur les blessures, elle a produit des effets surprenants; il en a été de même dans les affections vermineuses et catarrhales, ainsi que dans le cas de certaines tumeurs cutanées.

« On a reconnu que le résidu liquide que laisse la préparation des feuilles de pins exerce une action très-salutaire lorsqu'il est administré sous la forme de bains; aussi un établissement *ad hoc* pour les malades a-t-il été annexé à la fabrique. Ce liquide a une couleur verte tirant sur le brunâtre, suivant les circonstances et le mode de préparation. Il est tantôt gélatineux et balsamique, tantôt acide.

« Dans ce dernier cas, il y a formation d'acide formique. Depuis neuf ans que l'établissement de bains

Bouquéron. — Cour d'honneur.

existe, sa réputation et le nombre de ses visiteurs a été croissant. Lorsqu'il est nécessaire d'augmenter l'efficacité des bains, on y ajoute un extrait préparé ou bien on les minéralise suivant les indications.

« On concentre également jusqu'à consistance d'extrait le résidu liquide, puis on le renferme dans des cruches que l'on cachète et que l'on envoie au dehors, pour les bains à domicile. »

Ces bains sont toniques et sédatifs; ils sont principalement employés contre les affections rhumatismales, catarrhales, contre la leucorrhée et quelques maladies de la peau.

Les feuilles de nos sapins ne sont pas assez longues pour en extraire la laine végétale de manière à donner des résultats industriels suffisants; le procédé n'a été employé qu'à la préparation de l'eau des feuilles de sapin, qui, moins riches en laine végétale que les feuilles du pin d'Allemagne, renferment en compensation des principes balsamiques au moins équivalents, sinon supérieurs. Les sapins de la Chartreuse viennent dans un sol pierreux à bonne exposition; ils sont beaucoup plus parfumés que ceux des montagnes de la rive gauche de l'Isère, par exemple. Pour que leur décoction ne perde rien des huiles essentielles donnant aux bourgeons ce parfum remarquable, il faut les employer peu d'heures après qu'ils ont été cueillis. La proximité des forêts de la Chartreuse et du Sappey permet à l'établissement de Bouquéron de recevoir tous les jours les bourgeons frais nécessaires à sa consommation quotidienne.

La décoction s'opère, en vase clos, par la vapeur et avec l'addition d'une substance alcaline particulière, qui saponifie les principes résineux des conifères, dissout la chlorophylle et dépouille en un mot le végétal de tout ce qui, dans sa composition chimique, n'est pas du ligneux. Cette opération est, comme on le voit, une espèce de lixiviation à la vapeur. Les bourgeons ainsi traités reçoivent ensuite, par petite quantité à la ois, de l'eau bouillante qui prend une teinte verdâtre ; c'est l'eau qui sert à donner les bains et les douches, et qui peut être réduite et administrée en vapeur sans rien perdre de ses propriétés médicinales, puisque tous les principes qu'elle renferme sont volatils à une température inférieure à celle de l'eau bouillante.

Le même liquide peut encore être administré, à l'état de pulvérisation, en inhalations, et entrer avec avantage dans le traitement des maladies des voies respiratoires. Cette partie de la thérapeutique est appliquée avec succès depuis plusieurs années, à Bouquéron, contre les laryngites chroniques, enrouements rebelles, extinctions de voix, bronchites invétérées, catarrhes, et même contre la phthisie au début.

Bains minéralisés.

Le séjour des eaux minérales n'est guère permis aujourd'hui qu'aux riches et aux rentiers. Toutes les personnes retenues chez elles, soit par les besoins d'une affaire commerciale, industrielle ou autre, soit par l'impossibilité de s'imposer les dérangements d'un long voyage et les frais qu'il entraîne, sont contraintes de renoncer à les employer.

D'un autre côté, ainsi que le dit M. Durand Fardel,

les médecins sont en général peu au courant de l'application et même des indications des eaux minérales. Il arrive souvent que des malades sont envoyés à des sources qui ne leur conviennent point. Enfin, il peut se faire que certaines dispositions particulières aux sujets et impossibles à prévoir viennent à se manifester seulement au moment du traitement et démontrer l'utilité de changer d'eau minérale: le déplacement devient dans ces différents cas un obstacle souvent insurmontable. Pour remédier à cet inconvénient, l'établissement de Bouquéron a voulu pouvoir administrer toutes les eaux minérales les plus connues.

A ceux qui émettraient cette objection, que ces eaux artificielles ne valent pas les eaux naturelles, nous répondrons qu'en usant des sels provenant de l'évaporation des eaux minérales, toute différence disparaît. D'ailleurs l'établissement de Vichy, en vendant les sels destinés à préparer des bains à domicile, reconnaît bien que ces sels jouissent *des mêmes propriétés que les eaux prises à la source.*

On trouve à Bouquéron les bains de :

(Eaux sulfureuses.)	(Thermales).	(Alcalines).	(Ferrugineuses).
Baréges.	Aix.	Vichy.	Spa.
Cauterets.	Bourbonne.	Contrexeville.	Barbotan.
Luchon.	Balaruc.	Ems.	Porta.
Eaux-Bonnes.	Luxeuil.	Mont-Dore.	Bussang.

Douches d'acide carbonique.

L'acide carbonique est un gaz qui s'exhale de quelques eaux de sources; les eaux de Seltz, de Vals, de

Bains d'eau de feuilles de pin.

Saint-Alban, de Condillac, etc., en contiennent en assez grande abondance. Quelques médecins ont eu l'idée de soumettre les malades à l'action de cet acide, et ils n'ont pas tardé à observer des effets d'anesthésie. La douleur cédait assez rapidement sous l'influence de ce remède. M. le docteur Barrier avait même fondé à Celles (Ardèche) un établissement pour le traitement de quelques affections rebelles, et notamment du cancer. L'effet calmant de l'acide carbonique s'est vérifié pleinement entre ses mains. Il préparait ce gaz en traitant des chaux bicarbonatées par l'acide sulfurique, ce qui avait fait dire aux gens de l'endroit que M. Barrier *faisait ses eaux* en distillant *des pierres*. Aujourd'hui, cette médication est à peu près exclusivement réservée au traitement des affections douloureuses de l'utérus et des voies respiratoires. Son emploi est d'une très-grande commodité ; il est très-bien supporté et rend souvent de très-grands services dans les cas précédemment énumérés.

Tous les locaux destinés au traitement sont divisés en deux quartiers pour les deux sexes.

Organisation. — Règlement.

Tous les services de l'établissement sont aujourd'hui soumis à la même direction. — Le traitement est administré en deux séances par jour : la première commence le matin à cinq heures, et la deuxième, le soir, à trois heures. Les baigneurs choisisssent les heures qui leur conviennent le mieux dans celles qui sont disponibles, et passent à tour de rôle. Jamais deux malades ne se baignent ensemble.

Le médecin directeur reçoit dans son cabinet à partir de six heures du matin ; il visite dans leurs chambres les malades trop indisposés pour venir à la consultation ; il assiste au traitement et il l'administre lui-même au besoin. Les baigneurs externes ne prennent leur tour qu'après les internes.

Il est spécialement enjoint aux baigneurs et au personnel des douches et des bains de n'enfreindre en rien les prescriptions du docteur.

Les chambres sont établies dans deux corps de logis; on en loue aussi au village de Bouquéron. L'usage du salon et des salles appartient à tous les baigneurs et aux personnes qui les accompagnent.

Le restaurant sert tous les jours :

1° La table d'hôte de première classe, à dix heures du matin et à cinq heures du soir ;

2° La table d'hôte de deuxième classe, à neuf heures du matin, à midi et à sept heures du soir ;

3° Les repas à la carte, pour les malades obligés par régime ou par toute autre cause de manger seuls ;

4° Les mets destinés aux malades retenus au lit ou dans leurs chambres.

L'alimentation est en rapport avec le besoin de réparation provoqué par le traitement ; car, sous l'influence des bains et de l'air pur des montagnes, l'appétit ne tarde pas à renaître, même chez les malades atteints d'affections gastriques très-anciennes.

En général, les malades mangent beaucoup à Bouquéron. Le menu des différentes tables est tous les jours soumis au médecin et approuvé par lui. Tous les pensionnaires sont tenus de se conformer ponctuellement au régime prescrit.

Dans beaucoup d'établissements, le vin est proscrit d'une manière absolue; il n'en est pas de même à Bouquéron; cette prohibition n'est imposée que dans les cas où elle est de rigueur. — Les personnes qui visitent les baigneurs ou qui les accompagnent sont admises avec eux aux tables d'hôte.

L'établissement reçoit plusieurs journaux de Paris et de province à l'usage des baigneurs; une bibliothèque est mise à leur disposition et une salle est spécialement affectée aux lecteurs.

Un petit salon sert de lieu de réunion pour les dames.

Entre les deux séances du traitement, les baigneurs se réunissent par groupes; les uns vont faire une course de montagne, les autres vont à Grenoble; les plus malades restent à l'établissement, causent ensemble, se reposent ou font une partie.

Promenades, courses et distractions.

Les promenades les plus usitées sont les suivantes; en commençant par les plus rapprochées et les moins pénibles.

Le chemin de Malanot; de tous les points de ce chemin, on domine la vallée du Graisivaudan; la vue y est admirable; on peut revenir en passant par

L'église et le village de Corenc, riant plateau, église romane en voie de construction et qui fait honneur aux architectes qui en ont arrêté les plans et l'emplacement; ou bien on peut descendre, par le même chemin, au *Couvent des Capucins* et à *Montbonnot*, sites pittoresques et gracieux, village populeux et animé.

Salon de lecture.

La Vierge Noire est un but de promenade très-fréquenté des baigneurs de Bouquéron. Une statuette fort ancienne, probablement une Isis, trouvée dans ces parages, est devenue un objet d'adoration pour de nombreux pèlerins qui viennent chaque année, le lundi de la Pentecôte, déposer leurs offrandes, dans la plus que modeste chapelle qui lui a été consacrée.

Les Sources et Chante-Merle, chemins ombragés qui conduisent à la Tour des Chiens, dite Château d'Arvillers, ancienne maison de chasse des dauphins.

Château-Pilon, du nom de son propriétaire; on devrait l'appeler de Beauregard, vue splendide.

Mont-Rachais; il faut de l'établissement deux heures environ pour en atteindre le sommet ; le chemin n'est raide que dans une assez petite partie de son parcours; il n'est dangereux nulle part. C'est l'une des plus jolies et des moins fatigantes parties de montagne qu'on puisse faire : on peut y aller déjeuner et y passer une partie du jour. Le Mont-Rachais se termine par un vaste plateau très-ombragé et très-fertile. On peut descendre par *Vence et Lafrette,* deux hameaux très-pittoresques, bâtis en moellons reliés par de la glaise et recouverts de toits de chaume. Le vallon de la Vence est dans cet endroit des plus gracieux.

Les grandes parties de montagne sont la course au *sommet du Saint-Eynard.* On peut faire cette course en gravissant le mont du côté de la vallée; c'est ce qu'on appelle *le chemin de la Corniche,* ou en passant par le Sappey. On ne peut, sans affronter les plus grands dangers, visiter ces deux points dans la même excursion.

La plus agréable est sans contredit la seconde. Arrivés au haut de la montagne, les touristes se trouvent tout à coup placés à un véritable balcon qui domine des rochers à pic d'une hauteur prodigieuse, sans s'exposer au moindre péril.

L'ascension de Chame-Chaude, très-haute montagne

sur les flancs de laquelle croissent de magnifiques forêts de sapins. *Le col de Porte*, passage de la route qui conduit à la Grande-Chartreuse. *La cime de la Pinéa;* cette éminence, presque aussi élevée que Chame-Chaude, domine, en même temps que les vallons du Sappey et de la Chartreuse, la vallée de l'Isère en amont et en aval de Grenoble. Elle est recouverte au commencement de l'été des fleurs alpestres les plus belles, par leur coloris et par leur grandeur. *Le Charmant-Som*: l'étymologie toute française de son nom dit assez s'il mérite cette épithète : des troupeaux de bœufs et de moutous y viennent paître chaque année pendant la belle saison. Les voyageurs trouvent en passant du lait exquis et du beurre excellent. Au-dessus du Sappey, d'autres pâturages situés à *l'Eymendras* méritent aussi d'être visités.

Enfin, la *Grande-Chartreuse*. Nous renverrons aux Guides spéciaux pour tout ce qui concerne cette importante maison religieuse. Les touristes trouvent à ce couvent une hospitalité pleine de cordialité et une liqueur excellente dont la réputation est aujourd'hui européenne. On ne peut aller à la Chartreuse sans monter au *Grand-Som ;* rien n'est aussi imposant que la vue dont on jouit du sommet de cette montagne.

Nous signalerons aux amateurs des belles horreurs de la nature le chemin du *Frou*, par lequel on peut revenir de la Grande-Chartreuse à Grenoble en passant par *les Echelles*. C'est une route taillée dans le rocher à pic et bordée de précipices dans tout son parcours. Pour les voyageurs moins intrépides, ils peuvent très-facilement descendre à Saint-Laurent du Pont en prenant une route neuve sillonnée aujourd'hui par un grand nombre de voitures publiques et particulières. Cette voie d'ailleurs est bien digne d'être admirée ; elle présente à chaque pas des sites très-remarquables ; elle traverse des forêts magnifiques et tout le désert de la Chartreuse jusqu'à Fourvoirie. De Saint-Laurent du Pont, un service de diligences conduit les voyageurs à Grenoble, soit directement par Voreppe, soit par l'intermédiaire du chemin de fer à la *Gare de Voiron* ; cette petite ville toute manufacturière est intéressante et peut occuper utilement les étrangers amis de l'industrie, pendant une après-dîner.

Pour toutes ces courses et excursions, les baigneurs de Bouquéron trouveront à l'établissement tous les moyens de transport, les guides et les renseignements nécessaires. De temps en temps, des caravanes s'organisent, et alors les courses sont plus gaies et plus animées.

Pour les voyages dans les autres parties du département, qui attirent chaque année une foule de touristes de tous les pays, telles que l'Oisans, le Royannais, le Vercors, les communications sont tout aussi directes, et l'administration se charge d'en préparer à ses clients les voies et moyens.

Comme dans tous les établissements possibles, lorsque les jeunes gens sont en nombre, de petites fêtes, des bals s'organisent, entre baigneurs, auxquels sont admis quelques invités. Quelques célébrités artistiques honorent parfois Bouquéron de leur présence, qui devient alors une bonne fortune. Dans ces circonstances les malades peuvent entendre un peu de bonne musique.

Le lecteur voit par ce qui précède que l'existence du baigneur à Bouquéron est une vie de château, aussi

Le Chalet.

large, aussi facile que possible, sans étiquette gênante, sans contrainte. Au point de vue de la toilette, il s'en fait ordinairement peu ; l'obligation où se trouvent les pensionnaires de l'établissement de s'habiller et de se déshabiller plusieurs fois par jour pour le traitement, les force à demeurer en toilette du matin.

La division des pensionnaires en deux classes satisfera toutes les exigences. Chacun pourra se placer dans le cercle le plus en rapport avec sa fortune, son éducation et ses habitudes. De cette manière, l'isolement n'est pas possible. Mais c'est surtout pour la bonne exécution du service que cette mesure aura le plus d'avantages en divisant et en classant le travail.

Cette modification capitale transforme complètement Bouquéron. Jusqu'à présent la direction médicale avait été l'objet de toutes les préoccupations de son fondateur; maintenant que la réputation de l'établissement s'établit, que le nombre de ses clients augmente, il sera facile de lui appliquer tous les perfectionnements apportés dans la tenue des établissements de premier ordre.

Il y aura toujours à Bouquéron, pour lui assurer une supériorité incontestable, sa position, ses eaux, son air, sa vue, les facilités de communication et sa proximité de Grenoble.

TARIF.

Les bains et douches ne sont donnés qu'avec l'ordonnance du médecin directeur. Rien ne peut être changé à ses prescriptions. Il en résulte que toutes les personnes qui veulent fréquenter l'établissement doivent consulter le médecin qui dirige et surveille tous les traitements.

Les baigneurs ne lui doivent d'honoraires que pour cette première consultation.

La direction médicale comprend les consultations journalières, la surveillance aux bains, quand elle est nécessaire. Les visites faites dans les chambres, les pansements et opérations diverses, les douches particulières administrées par le médecin, et en un mot tous les soins qui sont en dehors de ceux que réclame spécialement le traitement hydrothérapique, sont payés à part.

Les baigneurs sont divisés en sept catégories :

1° Les baigneurs de première classe, à la journée : prix, 10 fr. par jour ;

2° Les baigneurs de deuxième classe, à la journée : prix, 8 fr. par jour ; nourriture, logement, traitement et service compris ;

3° Les baigneurs abonnés de première classe, à la saison de quatre mois, 1,000 fr. ;

4° Les baigneurs abonnés de deuxième classe, à la saison de quatre mois, 800 fr. ;

5° Externes demi-pensionnaires faisant le traitement hydrothérapique en deux séances et couchant à l'établissement, par jour, pour le traitement et la chambre, 6 fr. (1).

Abonnement pour la saison de quatre mois, 600 fr. ;

---

(1) Pour les personnes qui ont besoin de passer leur journée à Grenoble, c'est une bonne manière de faire un traitement complet. sans perte de temps. Les malades partant pour Bouquéron à 5 ou à 7 heures du soir, font leur traitement en arrivant et ils y couchent. Ils font le traitement le matin en se levant et partent pour Grenoble où ils peuvent être arrivés avant 9 heures du matin.

6° Les externes proprement dits venant le matin de Grenoble et y retournant le soir, une séance de deux ou trois exercices par jour, 3 fr.

Les malades qui viennent à Bouquéron pour subir une opération ou pour se faire soigner d'une maladie qui n'exige pas l'emploi des médications spéciales de l'établissement, paient, tout compris, logement, nourriture, médicaments et pansements, 8 fr. par jour.

Ils peuvent y recevoir les soins de leurs médecins ordinaires, sauf, bien entendu, à régler directement avec eux pour les honoraires qui leur sont dus.

Dans certains cas exceptionnels, les médications spéciales à Bouqnéron peuvent être administrées à tant par bain ou par exercice. C'est une faveur qui ne s'accorde qu'aux malades qui, après avoir suivi un traitement à l'établissement, ont encore besoin de s'y soumettre de temps à autre pour en conserver les bénéfices.

7° Les baigneurs de cette classe paieront, non compris le linge :

Le bain de vapeur térébenthinée .	3	»
La lotion.	»	50
La sudation	1	»
La piscine	1	»
La douche froide.	1	25
Le bain de siége	»	75
La douche rectale	»	75
La douche injectoire	»	75
Le bain de pieds.	»	60
Le bain tiède à l'eau de sapin. . .	1	50
La douche chaude de sapin. . . .	2	50

Le bain de vapeur de sapin. . . . . 3 »
La douche locale 1 50
Les douches minéralisées 2 50
Les inhalations, par séance . . . . 1 »
Les bains minéralisés. . . . . 2 »
La douche locale d'acide carbonique 3 »

Pour les bains tièdes et chauds, 25 centimes de linge en sus.

Pour les bains hydrothérapiques, le linge doit obligatoirement être fourni par les malades, ainsi que les couvertures de laine.

Le trousseau du baigneur se compose :

D'une couverture de laine grande.
De deux draps de lit, forte toile.
De quatre serviettes, *Id.*

De quelques bandes et compresses, *Id.*

Autant que possible, d'une robe de chambre ou d'un grand peignoir pour vêtement du matin, afin que le temps employé par les malades à se déshabiller et à s'habiller avant et après le traitement soit aussi court que possible.

Le linge de table, de lit et de toilette est fourni par l'établissement. Le prix des logements est :

Pour une chambre à un lit du premier ordre et au choix, de 2 à 3 fr. par jour.

Pour une chambre à deux lits du premier ordre et au choix, de 3 à 5 fr. par jour.

Pour une chambre à un lit, chambre de deuxième ordre, de 1 fr. à 1 fr. 50 cent.

Pour une chambre à deux lits, de deuxième ordre, 2 fr. par jour,

Chaque lit supplémentaire, pour grande personne, 1 fr. par jour.

Chaque lit supplémentaire, pour enfant, 50 cent. par jour.

Logement des domestiques, 1 fr. par jour.

PRIX DU RESTAURANT.

Première table : deux repas, déjeuner à dix heures, dîner à 5 heures, sans vin, 5 fr. par jour.

Deuxième table : déjeuner, potage, à neuf heures ; dîner à midi, collation le soir, 4 fr. par jour.

Repas pour les visiteurs : à la première table ; déjeuner, 2 fr. 50 cent. ;

Dîner, 3 fr.

A la deuxième table : dîner, 2 fr. 50 cent.;

Déjeuner, 1 fr.;

Collation, 1 fr.;

Nourriture des domestiques et des enfants, 2 fr. par jour.

Tout ce que les baigneurs se font servir en dehors des repas est considéré comme extra, et payé à part.

Les repas à la carte et les consommations de la buvette sont tarifés aux mêmes prix que dans les restaurants de premier ordre de Grenoble.

L'omnibus prend, par voyageur, de Grenoble à Bouquéron, 60 cent.

L'omnibus prend, par colis, 50 cent.

Les étrennes aux employés sont facultatives ; comme stimulant de leur zèle à contenter les baigneurs, elles ne sont qu'une marque de satisfaction et un encouragement laissés à la générosité de chacun.

Les comptes de la semaine écoulée se règlent *tous les dimanches matin*, aussitôt après le traitement. Cette recommandation est importante, l'agent comptable chargé des recettes ne pouvant consacrer que ce laps de temps à ce travail.

Toutes les plaintes et réclamations doivent être adressées *par écrit* au directeur de l'établissement.

Chaque baigneur adopte la catégorie de son choix à son entrée dans l'établissement : les prix sont basés sur ce choix, et il n'y est fait aucun rabais, l'agent comptable recevant seul le montant des comptes et n'ayant pas pouvoir de faire aucune réduction.

Les renseignements nécessaires, prospectus, etc., sont adressés *franco* à toutes les personnes qui en font la demande à M. le docteur Armand Rey, directeur des Néothermes de Bouquéron-les-Bains, près Grenoble (Isère). Les étrangers qui voudraient le consulter en passant à Grenoble, avant de se rendre à l'établissement, n'auront qu'à se présenter à son cabinet, rue des Vieux-Jésuites, passage Teisseire, les mardis, jeudis et samedis, de midi à deux heures.

CONCLUSION.

Bouquéron est un établissement sanitaire éminemment utile.

Il a donné au département de l'Isère les bains de vapeur térébenthinée en les perfectionnant; il a offert aux malades de cette localité un institut hydrothérapique dans les meilleures conditions.

On peut dire, sans crainte d'être démenti, qu'il eût été impossible de trouver ailleurs un emplacement, des eaux et un climat qui présentassent une ressemblance plus exacte avec le Grœffenberg, rendu si fameux par Priesnitz, le rénovateur de l'hydriatrie.

Cette ressemblance a été rendue plus complète encore par l'installation et par la direction donnée à cet établissement.

Bouquéron inaugure cette année, et le premier en France, les bains de feuilles de sapin, dont l'efficacité est partout vantée en Allemagne. *Le Monde thermal* (*Moniteur des eaux minérales*), dans son numéro du 10 avril 1860, en parle en ces termes : « L'introduction des bains de feuilles de sapin en décoction, dont la vertu a opéré des guérisons si frappantes dans l'établissement du Nérothal, ajoute encore à sa sphère d'action. Les maladies nerveuses, rhumatismales, catarrhales, et principalement les affections de la vessie, ne sauraient trouver de médication plus salutaire. »

Grenoble n'avait pas de maison de santé pour les convalescents : Bouquéron vient encore de combler cette lacune.

Lorsqu'un étranger veut visiter le Graisivaudan, il n'est pas de lieu plus convenable pour lui faire admirer notre beau pays et pour lui donner une idée de la configuration de la vallée. La proximité de la ville, la facilité d'abréger encore la distance en profitant du service d'omnibus, l'assurance de trouver en y arrivant un repas convenablement servi, un bain même, au besoin, font d'une excursion à Bouquéron une promenade délicieuse.

Enfin, de tous les établissements du même genre il est celui dont les prix n'excèdent pas, si toutefois ils les atteignent, ceux des principales eaux minérales de France.

Toutes ces considérations sont de nature à lui attirer dans un avenir prochain un très-grand nombre de baigneurs.

MAISONVILLE ET FILS, IMPRIMEURS-LIBRAIRES, RUE DU QUAI, 8.

www.ingramcontent.com/pod-product-compliance
Lightning Source LLC
Chambersburg PA
CBHW060506050426
42451CB00009B/838